AF338906

CONSEILS

HYGIÉNIQUES ET MORAUX

ÉPOQUE DES MOISSONS

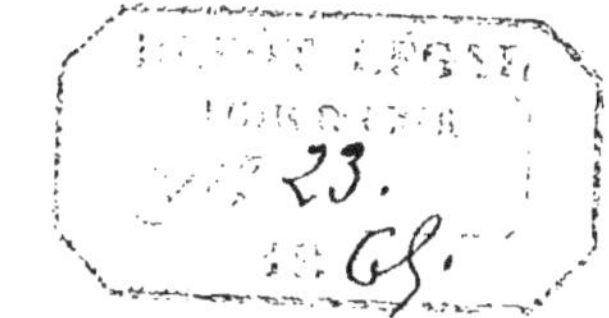

A l'occasion de Louis Cavier, vigneron,
mort par imprudence

Par Ed. B-B....y
ANCIEN PROFESSEUR DE PHILOSOPHIE.

BLOIS

IMPRIMERIE H. GIRAUD, RUE PIERRE-DE-BLOIS, 14.

1865

CONSEILS
HYGIÉNIQUES ET MORAUX

ÉPOQUE DES MOISSONS

A l'occasion de Louis Cavier, vigneron, mort par imprudence.

Notre petit pays, la commune de Mer, est sous le coup d'une surprise accablante. Pour plusieurs, un grand nombre, la surprise est une sympathie douloureuse. Pour la famille de la victime, c'est une stupeur pleine de larmes.

Ruisselant de sueur et brûlant de soif, Louis Cavier, vigneron d'Aulnay, s'est imprudemment désaltéré aux eaux glaciales de la fontaine de Baudisson. Quatre jours après, et dans d'horribles souffrances, il est mort !..... A la fleur de son âge !..... Léguant à sa tombe un vieux père, une veuve et trois enfants ! . . . .

Que de regrets! que de larmes sur le tombeau de cet excellent homme, ami dévoué et constant, fils soumis, bon parent, bon époux, bon citoyen, bon père, bon chrétien. Ah ! ce n'est pas sans raison, qu'en dépit d'un beau soleil qui appelait toute notre population agricole aux sillons, en dépit de la différence des cultes, le convoi qui accompagnait ce concitoyen à sa dernière demeure terrestre était immense.

Scène touchante, sans doute ; mais dans l'intérêt de tous, surtout des épouses, des mères, des enfants, il est utile d'en prévenir le retour. De là les conseils qui suivent.

AVIS HYGIÉNIQUES ET MORAUX.

Du bien à tous et sans distinction, voilà ma devise.

1° Proportionnez vos travaux à vos forces. Commencer son travail longtemps avant que le crépuscule se lève; poursuivre ce travail sous les rayons d'un soleil incendiaire ; cesser seulement quand minuit sonne un jour de plus sur vos membres harassés, broyés ; se lever pour recommencer encore , sans autre repos qu'un sommeil agité, et de quelques heures ; c'est abuser de ses forces ; c'est faire de sa vie plus qu'une torture de galères, c'est vendre sa santé à des écus que Dieu ne bénira pas ; c'est ensemencer des infirmités dans ses membres ; ce n'est pas s'enrichir, c'est se suicider.

Il faut travailler. Oui, sans doute ; les besoins de votre famille et Dieu vous font un devoir du travail. Mais pour que vos travaux portent, pour vous, des fruits salutaires, en deçà comme au delà du tombeau, Dieu veut que la dépense de vos forces soit hygiénique et sainte.

Or donc, dormez au moins cinq heures.

Quand les épis jaunes de vos moissons, vos prairies mures appellent l'infatigable tranchant de vos faulx, si l'atmosphère est en feu, réparez vos forces épuisées par une sieste salutaire. Il est dangereux de lui donner pour matelas des sillons encore mouillés , pour rideaux l'ombre séculaire d'un noyer ; choisissez prudemment votre lit-de-camp champêtre, puis endormez-vous dans une onctueuse reconnaissance envers le Dieu puissant qui vivifie la nature et la féconde !..... Le bœuf caresse et lèche la main qui garnit sa crèche.

2° Au défaut de liquides qui pourraient vous désaltérer sans danger, sachez dompter votre soif.

L'eau saumâtre des mares, glaciale des fontaines, est toujours malsaine , parfois mortelle. La fontaine de Baudisson (ce n'est pas la première de ses victimes) a tué notre ami Louis Cavier

La bonne boisson pour les travaux de l'été, c'est l'eau et le vinaigre.

Vous m'objecterez peut-être que cette boisson ne donne ni force ni courage. Erreur !

L'eau et le vinaigre mélangés étaient la boisson des armées de Jules César. Elles ont construit des travaux gigantesques. Pour les détruire, il faut la mine et l'explosion par la poudre à canon. Donc ces armées avaient des forces : j'ajoute herculéennes. Elles ont, hélas ! ensanglanté le monde connu par leurs victoires, donc elles avaient du courage.

Le vinaigre employé doit être bon.

De nos jours on fait des vinaigres sans vin. On les croit bons, parce qu'ils mordent énergiquement le palais. Ces vinaigres sont morbides, c'est du poison à petites doses. Chaque famille devrait avoir son petit baril de vinaigre.

Sans la crainte d'être ridicule en donnant des leçons de tempérance à des hommes sobres, je vous dirais : « Agricul-
« teurs, vignerons, ouvriers de toutes les classes, gardez,
« pour le temps des moissons et des grands travaux, la
« nourriture et le vin que vous consommez en trop pen-
« dant les joyeuses soirées de l'hiver et les jours par trop
« bachiques du carnaval. Par l'obéissance à cette doctrine,
« l'édification publique, vos familles, vos bourses y gagne-
« ront, et beaucoup ; ce sera en moins des scandales,
« des larmes et la misère. J'ajoute que pour vous, c'est
« un moyen précieux pour sauvegarder vos membres
« contre des infirmités précoces, le moyen de prolonger
« votre santé et votre vie. »

3° Ne vous tuez ni par excès, ni par abstinence. Dans l'intérêt de vos créanciers, de votre famille et dans le vôtre, Dieu et la Patrie vous défendent des excès.

Pour payer vos créanciers, l'argent est indispensable, pour nourrir vos femmes, vos enfants (j'ajoute moi les vieillards vos pères et mères) les greniers veulent des gerbes, les celliers du vin. Pour marier et établir vos filles, la sagesse veut que votre bien soit franc et liquide ; exempt du stigmate de l'hypothèque, sauvegardé par l'impôt bien payé contre l'impérieuse et obligatoire exigence du fisc.

De tous ces points de vue, la santé et la force vous sont indispensables ; les compromettre, ou par les excès de l'intempérance, ou par les excès du travail, ou par ceux de l'abstinence, c'est faire volte-face à tous les devoirs que la propriété et la famille vous imposent, c'est courir ignominieusement au déshonneur, à la maladie, à la ruine, à la mort, aux châtiments que Dieu inflige et RÉSERVE à l'homme qui foule aux pieds les lois de la justice et de la nature. .

. . . . , ...

Voyageant dans le midi, j'avais à m'entretenir avec un paysan excessivement laborieux et économe, cupide, avare. Je le trouvai dormant sous un noyer, puis cuvant, non le vin, mais le lait caillé de son repas, homicidement frugal. Il était couché sur le ventre et respirait ainsi les exhalaisons morbides d'un foin sec à demi. Je lui exposai les conséquences de sa funeste imprudence. Il me répondit que pour acheter le champ de son voisin *l'ivrogne,* il fallait tout braver et s'imposer des abstinences, coûte que coûte en souffrances. Vous ne l'achèterez pas, ce champ, lui dis-je ; ma parole fut prophétique, un cultivateur laborieux, intelligent agent de ses forces, acheta le champ de *l'ivrogne ;* pour mon paysan imbécilement prodigue des siennes, il tomba malade, infirme, aveugle pendant cinq ans, puis, ruiné, il mourut !..... A sa veuve en pleurs, à ses filles qui demeurèrent filles, il laissa pour héritage les mémoires de l'apothicaire, les mémoires de l'officier de santé du village, les billets échus de l'usurier, de là expropriation. La vieille mère de ce malheureux mourut *mendiante !*

Par une sagesse hygiénique dans ses repos, dans ses travaux, dans sa nourriture, toute cette famille (très-honnête du reste) eût évité cette complication de cataclysmes.

Plusieurs causes entre autres, non par l'usage, mais par l'abus, le *corset* et *l'absinthe,* ont affaibli les forces vitales de notre génération.

En exposant ces causes, je ferais une inopportune parade de science, je constate le fait et c'est assez.

Il en résulte que si la poule au pot chaque dimanche (vœu du bon roi Henri IV) suffisait autrefois, elle ne suffit plus aujourd'hui. Or donc, écho de feu M. Bergeron, docteur médecin, savant désintéressé, ami du peuple, j'affirme que « lorsque le soleil fait des sillons une vraie fournaise, « aux agriculteurs qui moissonnent, une nourriture essen- « tiellement réparatrice de leurs forces épuisées est né- « cessaire, indispensable ; il leur faut en bonne quantité et « qualité du pain et de la viande (viande copieusement « épicée) et du vin. Les chemins de fer rendent cette amé- « lioration au bien-être matériel du peuple très-facile. »

Sans la crainte de blesser les susceptibilités de quelques lecteurs, aux yeux desquels les *jours maigres* imposés par l'église romaine sont une abstinence obligatoire, je voudrais que, dans les jours à grands travaux, chaque repas eût, au moins une fois le jour, viande et vin. . . . . .
J'invite les nez bourgeonnés à ne pas exagérer mon appel.

. . . .

Ainsi le veut l'évangile des corps : l'hygiène ; l'évangile des âmes, la loi de Christ, n'y fait pas opposition. Car le philanthrope Dieu-Christ a dit (parlant de la nourriture) : « Je suis « venu afin que mes brebis aient la vie, et qu'elles l'aient « même en abondance. » (Evangile selon Saint Jean, X, 10.)

Travailler selon Dieu, *croire et agir selon Dieu*, voilà la vraie vie et l'abondance du bien-être ici-bas. (Deutéronome, XXVIII, 1-6.) J'ajoute que c'est une bonne feuille de route pour le ciel, là seulement où nous ferons le bien sans imperfection. . . . .

J'ai connu à Lyon un ouvrier anarchiste, mort dans l'incendie d'un couvent, dont il fut une des torches incendiaires, le monstre ! Je lui avais tenu le langage hygiénique et chrétien que je viens de vous exposer ; voilà sa réponse :

« Le Soleil, c'est Dieu. L'âme, c'est la faim. La mort,

« en la tuant, tue tout en nous. Le ciel, c'est le néant. Là
« on ne peut ni mal ni bien. »

Oh ! la sotte théologie : elle a cependant quelques par-
tisans dans ce département.

A l'un d'eux, le brave Louis Cavier tint ce langage :

« Tu vois que le Soleil est limité ; il est emprisonné
« dans l'espace d'un cerceau. Or, le vrai Dieu est infini.
« Tu vois que le soleil est impuissant, il ne peut modérer
« ni activer ses feux, selon le vœu et les besoins de ses
« adorateurs, il ne peut les éclairer tous à la fois ; or, le
« vrai Dieu est tout-puissant, il nous exauce, éclaire nos
« pensées la nuit comme le jour. Tu vois bien que le so-
« leil est sans compassion, il brûle ou laisse geler les
« moissons, enfants dont tu le dis le seul père. Or, le vrai
« Dieu est tout bon.

« J'aime mieux le Dieu que Jésus-Christ nous révèle.
« Il est infini, tout-puissant et tout bon. Il nous console
« dans les adversités que ton soleil nous fait subir. Il ré-
« pand ses bénédictions par la résignation qu'il nous in-
« spire. Il ne brûle pas les vertus, moissons qu'il
« sème en nous et qu'il cultive en nous faisant ouvriers
« avec lui. On peut vivre sans ton Dieu soleil. Tu n'es
« pas mort dans ton cachot ; nul ne peut vivre sans la
« volonté de notre Dieu. Ton soleil est une créature, pas
« plus. » . . . .

Je dis moi un drapeau dont les soldats sont fort dangereux, *lorsqu'ils sont les plus forts.* . . . .

J'ai entendu en Suisse un enfant de douze ans confondre
très-savamment un de ces adorateurs anarchistes :

« Ce que tu dis là, Jeannot, est une bêtise. Comparati-
« vement aux astres qui brûlent, lumineux et innombra-
« bles dans l'espace, notre soleil est une toute petite étin-
« celle. Elle obéit à l'invisible main de Dieu qui la dirige.
« Son obéissance est tellement passive, que, grâces aux
« leçons de notre régent, nous, enfants, nous pouvons

« prévoir le jour, l'heure, la minute où ton Dieu soleil se
« couvrira d'une éclipse, comme d'un bonnet de nuit pour
« dormir..... Et tu voudrais me faire croire que cette
« étincelle est le bon Dieu !..... Mon Dieu est Dieu,
« Jeannot, et le tien ce n'est rien. »

Lorsque ce petit Arago d'école primaire substituera la
charrue à son ardoise astronomique, il usera, mais sans
en abuser, du soleil. Sa santé et sa piété s'en trouveront
bien..... Respectueuse invitation aux pouvoirs acadé-
miques.

Le firmament, avec l'armée de ses astres, révèle Dieu
à notre intelligence, Christ, firmament du monde des in-
telligences, révèle plus puissamment à notre cœur Dieu,
notre âme et notre immortalité ; vérité, atmosphère vitale
du bien-être du corps et de l'âme.

J'assistais à X........ à l'école du dimanche. Le cercle
des jeunes filles avait pour moniteur une personne pieuse,
dont la religion avait pour base la science et l'évangile,
préservatifs et guérisons des maux du corps et de l'esprit...
Voilà les demandes et les réponses de ce colloque :

« D. Fillette, quand après un travail raisonnable, tu
« as mangé et bu avec tempérance, es-tu contente ? —
« R. Oui ! travailler raisonnablement, consciencieu-
« sement, est un devoir que Dieu nous impose ; manger
« plus ou moins que Dieu veut, cela rend malade, triste.
« — D. Quand tu es habillée selon la différence des be-
« soins que les variantes des saisons et la convenance
« imposent, es-tu contente ? — R. Oui ! Le oui fut bien
« accentué ; la petite fille faisant tout bas, je pense, allusion
« à la toilette des fêtes et dimanches. Elle ajouta : souffrir
« le froid, souffrir le chaud, par l'absence des vêtements
« nécessaires, cela suppose une paresse qui rend leur
« achat impossible. Or, Dieu condamne la paresse ; ne pas
« discerner pour sa mise les différences que comportent
« les variantes des saisons et des jours, cela suppose le non

« exercice de la raison ; or, Dieu nous a donné la raison
« pour nous en servir. »

.... Un point d'arrêt dans ce dialogue... Admettons
que le peuple en pratique la doctrine, il éviterait, aux
laborieuses époques des moissons : 1° les dyssenteries, qui
évacuent, par des douleurs atroces, le sang et la vigueur
de ses victimes ; 2° La chlorose ou pâles couleurs, état
anormal où les personnes du sexe voient échouer, souvent
pour très-longtemps, leur santé, leur beauté....., ce qui est
préférable à la beauté, leur amabilité religieuse. La cause
de ce fléau, c'est une inactivité inutile. La guérison c'est une
activité laborieuse, utile. Il est des filles qui, pour seul sti-
mulant d'activité, ont leur aiguille, sur semaine, et les appels
de leur culte le dimanche. La science leur prédit que filles,
épouses et mères, elles souffriront et feront souffrir !.....
3° Enfin, pour abréger, le peuple, par un travail hygiénique,
éviterait les transpirations arrêtées. Défaut de pondération
dans les acquisitions et déperditions organiques, défaut
que, dans son langage pittoresque, le peuple nomme
chaud-froid, sang-glacé ; maladie qui dépose en germes
dans le patient les infirmités et la mort.

« Je reprends mon dialogue. — D. Fillette, quand tes
« parents sont heureux par l'abondance de leurs récoltes
« et la bonne santé de toute la famille, heureux surtout
« par ta sagesse, es-tu contente?.... — R. Oh! oui, bien
« contente!.... — D. Voilà donc tout ton corps satisfait,
« par conséquent toute ton âme ; car, l'âme, c'est la faim,
« c'est la soif, c'est le besoin de vestiaire, c'est l'ensemble
« de tous nos besoins matériels. — La demande était faite
« avec ironie, la petite fille ne se laissa pas prendre à ce
« piége..... — R. L'âme n'est pas un tissu de besoins ma-
« tériels. Autrement, quand pour nourrir ses petits, une
« tigresse tue, mange une mère et son enfant, il faudrait
« dire que cette bête a une âme comme la mère et l'en-
« fant qu'elle a dévorés. . . . .

« La petite fille continue : L'âme et le corps sont unis,
« mais ce sont des substances différentes. Le corps est
« matériel, il meurt. L'âme est spirituelle, elle est immor-
« telle. Toutes les religions sont d'accord sur cette vérité, *et*
« *dans tous les cultes.....* — D. Bien répondu, fillette ; c'est
« comme toi que les sages conçoivent nos deux natures et
« leur union. Dis-moi, chère enfant, quand ces deux natures
« sont satisfaites, par la réussite dans toutes leurs sages
« exigences, es-tu complétement heureuse ? — R. Heu-
« reuse, oui ; complétement, non ! Le bonheur parfait est
« dans le Ciel, où Dieu nous introduit après la mort, en
« récompense d'une *foi consciencieuse et utile. La foi a*
« *ce caractère par excellence, lorsqu'elle a pour théologie*
« *Jésus-Christ, Dieu sauveur.* » . . . .
Voilà la religion faite évidence, au double flambeau de la
raison et de l'évangile. Heureuses les nations où il est
permis aux maîtres d'école de donner à leurs élèves ces
principes de physiologie et de psychologie chrétiennes. De
ces points de vue, la mort n'est plus une mort, tous ses
épouvantements disparaissent.

Mais dans Louis Cavier, que nous pleurons, tout est
mort ; or, c'est effrayant.

Le mot *tout* est de trop. Dans Louis Cavier, comme
dans tous les morts, l'œil est mort : oui, en tant que miroir
qui réfléchissait sa belle âme ; non, en tant que *principe
pensant*, peintre invisible des riantes et mobiles images
que son œil reproduisait. Dans Louis Cavier, l'ouïe
(l'oreille) est morte : oui, en temps que tympan dont la
sonorité lui révélait les voix chéries de ses amis, de sa
femme, de ses enfants ; non, en tant que *principe pensant*,
qui classait, pondérait, appréciait ces douces vibrations,
voix du cœur.

Ce que je dis de la vue et de l'ouïe dans ce cher Louis
Cavier, je le dis de tous ses sens et pour chacun de nous,
pour tous. Sous le niveau de la mort, têtes des petits et

des grands, c'est tout un. Là, l'égalité n'a plus d'utopies dangereuses.

En tant que siége où la faim et la soif déposent leurs substances alimentaires, la mort tue le palais (le goût). En tant que flacon où les molécules odorantes des corps (agréables ou non) glissent en sensations fugitives, la mort tue le nerf olfactif (l'odorat). En tant que leviers qui atteignent la matière ou subissent son contact, la mort tue nos membres (le toucher). Or donc, en tant que fait palpable, nos cinq sens sont la seule proie que la mort nous ravit. Toute la CRÉATION VISIBLE ET IRRESPONSABLE TOMBE ET TOMBERA SOUS L'INEXORABLE TRANCHANT DE LA MORT.

Donc, le principe pensant ne meurt pas; car il est INVISIBLE, spirituel et responsable. LA MORT EST LE NAUFRAGE DU CORPS. Le MOI HUMAIN, son pilote, ne périt pas. Vivante et immortelle, la CONSCIENCE survit au tombeau.

Dieu nous soumet à trois lois que le temps, même les révolutions les plus immorales, ne peuvent effacer. Ces lois sont : sois vrai, sois juste, sois bon. Ces lois, inhérentes au moi humain et immortelles comme lui, se résument en un seul texte (théologie sommaire de toutes les vérités religieuses et voix de Jésus-Christ) : *Ne fais pas à autrui ce que tu ne voudrais pas que les autres te fissent.....* La fidélité à cette religion, *incontestablement vraie*, impose des sacrifices à la tendresse maternelle, des sacrifices à la piété filiale, des sacrifices à l'amour conjugal, des sacrifices à la tendresse paternelle, des sacrifices au patriotisme.

A ces sacrifices, *obligatoires pour tous et toujours*, opposons les récompenses vues en dehors du Ciel, leur terme. Ces récompenses, dont on frustre souvent l'honnête homme, se résument pour le non croyant en un seul fait : *la matière*. La matière faite propriété, la matière faite dignité, la matière faite or.

Mais si ces récompenses du devoir sont exclusivement

matière, les rois bons, les sujets bons auront le droit de
texer Dieu d'injustice !.... Que de funestes conséquences !

Les rois bons lui diront : « Pour suffoquer, pour pré-
« venir l'anarchie, pour perpétuer la paix, l'ordre et la
« justice, nous avons préféré aux veilles joyeuses du plai-
« sir, des veilles austères, administratives et utiles ; nous
« avons subi dans nos membres les fatigues de voyages
« explorateurs, nous avons en personne bravé les poignards
« du régicide, et en récompense, Dieu, qui allumes en
« nous la soif d'un bonheur immortel, tu nous donnes un
« *principe pensant* que la mort tue, un sceptre que la
« mort engloutit. Tu n'es pas un Dieu juste ! »

Hors des drapeaux ou sous les drapeaux, les sujets
crieront à Dieu : « Pour réaliser en faits les sacrifices que
« le patriotisme impose, nous avons consacré au bien-être
« social les religieux accents de nos voix, les lumineux
« produits de nos plumes. Sur nos sillons, en butte à l'in-
« clémence et aux désastres de l'atmosphère, en butte aux
« injonctions impératives de l'impôt, nous avons versé nos
« larmes, nos sueurs, notre or, pour soutenir le trône et
« les autels. Voix dominantes de ces exclamations vraies,
« les mères ajouteront : Aux champs de bataille, nous
« avons donné les fatigues de nos enfants (enfants récla-
« més par les infirmités de leurs pères et mères), le sang,
« les membres et la vie de nos enfants ; et à ces défenseurs
« de la patrie, à nous aussi, ô Dieu ! qui allumes en nous
« la soif d'un bonheur immortel, tu donnes pour récom-
« pense un *principe pensant* que tu tues, des pensions, des
« médailles, des croix d'honneur que la mort engloutit !...
« Tu n'es pas un Dieu juste ! » . . . .

Or donc, Dieu sans justice, la société sans autre évangile
que le sabre du gendarme, le poignard dans la main des
citoyens et le rossignol du voleur, voilà les conséquences
du matérialisme !.... Décapité pour parricide, un fils en a
fait l'aveu !..... Mon père croyait au néant !..... Pour lui,

le souverain bien, c'était la fortune....... J'ai cru selon mon père..... Je l'ai volé, je l'ai tué..... Avec la foi pratique à l'immortalité, ce monstre eût été bon fils et bon citoyen !..... Oui, l'âme est immortelle, admettons et propageons cette vérité.

Qui pourra tuer cette âme ? La loi commune qui frappe de mort toutes les existences ? Mais même de ce point de vue, le principe pensant ne doit pas craindre une mort absolue. Tout meurt dans la nature, mais tout renaît de la mort. Que sont les minéraux qui nous enrichissent, les moissons notre nourriture, les animaux nos auxiliaires?.... des ex-cadavres !..... Tous ces êtres ont subi une mort préexistante. Ils sonts !..... ils vivent !..... Ils mourront, mais pour renaître encore !

Qui pourra tuer notre âme? l'homme qui s'anéantit par le suicide? On se tue non pour dépouiller l'existence, mais la souffrance. (*Aveu des suicides providentiellement évincés d'une réussite sacrilége.*)

Qui pourra tuer notre âme ?..... Dieu ?..... Mais Dieu, qui ressuscite dans des existences nouvelles, temporaires et inoffensives, la vipère et ses poisons, plongera-t-il dans le néant une âme, colombe obéissante aux lois de la nature et de la grâce ?

Jésus-Christ n'est pas mort pour conquérir des âmes au néant ! . . . .

Le méchant inconverti doit seul trembler devant la mort ! . . . .

Or donc, de tous ces points de vue (mais en nous appuyant sur Jésus-Christ), notre foi doit voir la belle âme de Louis Cavier dans le ciel. L'ange de l'immortalité plane sur cette tombe ; il secoue, lumineuses et bienfaisantes, ses ailes sur les membres du cher défunt, objet de nos regrets universels (ils reposent en attendant une résurrection glorieuse); sur ses pensées et sur son cœur, sanctuaire constamment vivifié par la justice et la bonté, par une piété gracieusement communicative.

Il vous enveloppera aussi dans le manteau de son immortalité céleste, vous, digne vieillard, père qu'il a laissé dans l'exil de la vie; sa piété filiale se survivra dans ses enfants, pour alléger en vous le poids de vos douleurs. Oh! le don précieux de Dieu pour un vieillard, lorsqu'il lui laisse des enfants et petits-enfants pour lui fermer les yeux.

Pour vous, veuve et orphelin de Louis Cavier, bon et excellent comme mari, bon et excellent comme père, veuillez recevoir dans ces expressions de mon cœur toutes les condoléances de la commune de Mer. Ouvriers, agriculteurs, vignerons, tous vénéraient en lui un bon confrère. Le personnel non prolétaire et les autorités le voyaient avec plaisir parmi les citoyens amis de l'ordre.

Il vous soutenait par l'intelligent travail de ses mains, il vous soutenait par son amour conjugal, il vous soutenait par sa tendresse paternelle? Pleurez, mais ne pleurez pas comme ceux qui sont sans espérances.

De notre point de vue, l'existence active de ceux qui nous sont chers est chose indispensable! Oh! sachons-le bien! Dieu seul est indispensable! Quand, par la mort de nos bien-aimés, il rappelle au ciel, d'où ils descendent, l'amour conjugal et la tendresse paternelle de cet être chéri, ce n'est pas pour les frapper de stérilité. La vertu est (au ciel aussi) comme l'âme du juste, vivante, immortelle et bienfaisante.

Soyez fidèles aux directions que, sur son lit de mort, il vous a données. Il vivra en vous et en vos descendants. Administrateur spirituellement auxiliaire de votre petit domaine et apôtre invisible de vos âmes, Dieu bénit le juste en mille générations

Vivant, il vous fait du bien, il vous en fera après sa mort.

Dans l'évangile, que Louis Cavier aimait tant, j'ai lu

que, du milieu de ses souffrances dans l'éternité, une âme perdue fit entendre des leçons salutaires à ses parents ici-bas. Peut-on croire que, dans le ciel, Louis Cavier sera inutile à sa famille ?..... La raison dit non ! L'Évangile dit non !

Lecteur, prends, mais en leur obéissant, ces deux flambeaux pour lumières :

LA RAISON ET L'ÉVANGILE

tu éviteras des imprudences qui tuent le corps, et tu auras pour te sauver ce qui suffit au salut des individus et des empires :

LA VÉRITÉ SELON JÉSUS-CHRIST.

Blois. — Imprimerie H. GIRAUD, rue Pierre-de-Blois, 14.

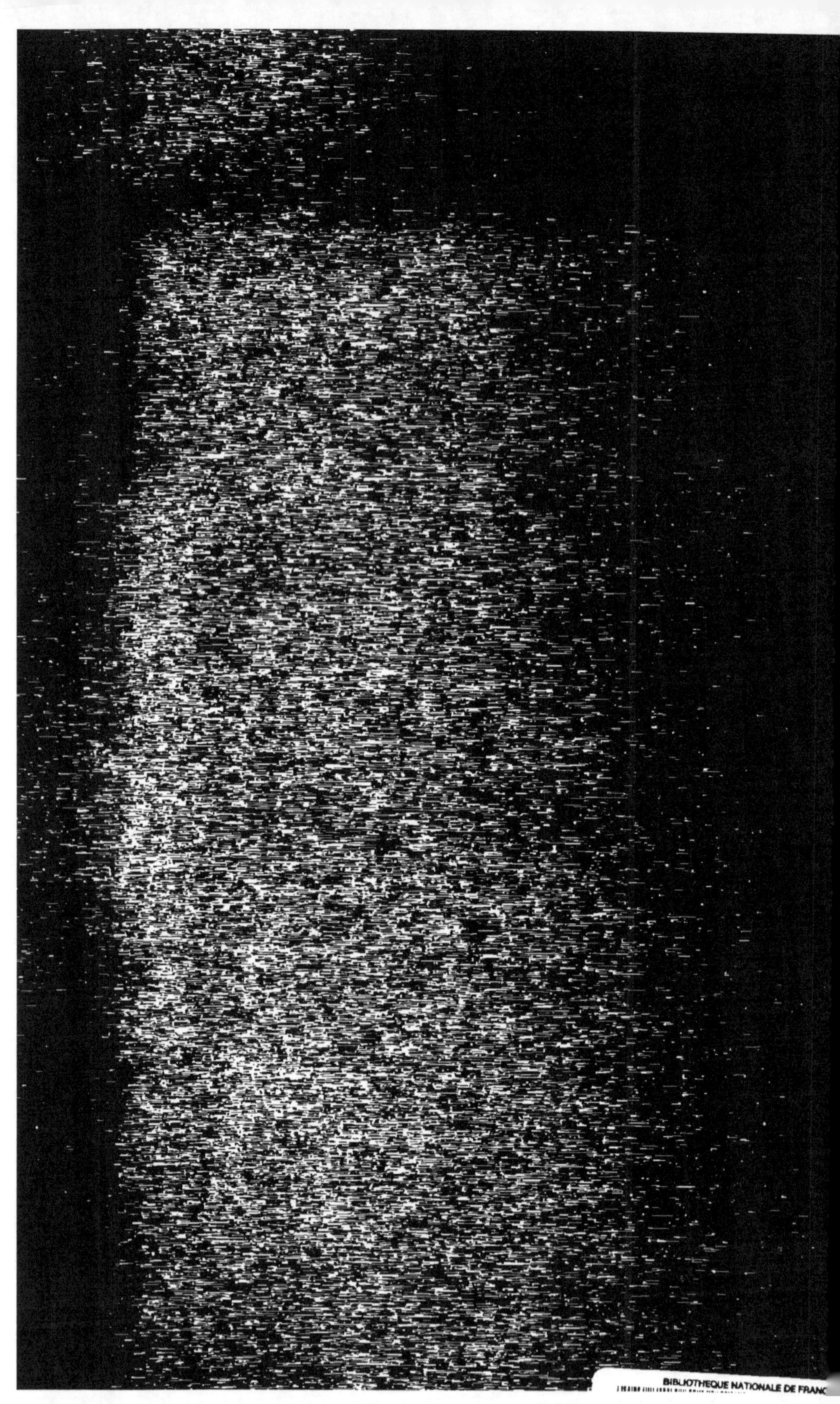

9 782012 484535